G[illegible]S RECETAS CON AJO

EDIMAT Libros
www.edimat.es

Contenido

Introducción

¡El maravilloso ajo! Resulta difícil imaginar lo sosas que serían nuestras comidas sin este ingrediente. Algunas civilizaciones antiguas, como la egipcia o la romana, iban muy por delante de nosotros en su apreciación de las múltiples propiedades del ajo que, además, es imprescindible en la cocina europea desde hace mucho tiempo. El ajo añade un toque especial a un sinfín de platos sabrosos: desde sopas, ensaladas y verduras hasta el pescado y las carnes blancas y rojas. Se puede utilizar tanto crudo, o ligeramente cocido para que su sabor domine de manera deliciosa, como añadido a un guiso de cocción lenta para que intensifique el sabor del plato sin interferir en los demás sabores. El ajo asado adquiere un sabor suave y un poco dulce.

Además de ser un alimento que deleita nuestros paladares, también es beneficioso para la salud. Reduce el nivel de colesterol, por lo que previene el riesgo de las enfermedades coronarias; contiene un poderoso antibiótico, ayuda a la absorción de las vitaminas y se ha comprobado su eficacia contra el cáncer y las apoplejías.

Así que hágase un favor probando algunas de las grandes ideas presentadas aquí, que ofrece desde recetas para entrantes, comidas rápidas, platos diarios y festivos, sin olvidar las necesidades de los vegetarianos, y en seguida se convencerá de las magníficas propiedades del ajo.

Tipos de ajo

Existen múltiples variedades de ajo, desde el ajo gigante hasta las cabezas pequeñas y compactas.

La fina capa que envuelve cada diente de ajo puede ser blanca, rosada o morada. El color no influye en el sabor, pero sí en la atracción que despiertan las cabezas grandes y moradas, por su efecto decorativo en las cocinas.

Por regla general, cuanto más pequeña es la cabeza, más intenso es su sabor. Sin embargo, el ajo que existe en el mercado no está clasificado por tamaño ni forma (a menos que se trate del tipo gigante) y, en la práctica, siempre acabamos comprando lo que necesitamos, ya sea a granel, en manojos o ristras.

El ajo que crece en climas cálidos suele ser más intenso y el ajo temprano tiene un sabor suave, muy adecuado para utilizar crudo; por ejemplo, en ensaladas y aliños.

Compra y almacenamiento
Escoja las cabezas firmes y redondas, con la piel fina y clara, y evite las que estén a punto de germinar. Deberían almacenarse en un lugar fresco y seco, ya que si el ambiente es húmedo germinarán, y si es demasiado cálido enmohecerán. En ambos casos, el ajo no sería adecuado para su consumo.

Ajo blanco

Esta variedad de ajo tiene la piel fina y satinada. Cada cabeza se compone de 8 a 10 dientes redondeados.

Ajo morado

Esta variedad es apreciada por su jugosidad y larga duración. La piel puede ser rosada, violácea o morada.

Ajo gigante

Es la variedad más grande y suave. Se puede cocinar como verdura. Tiene un sabor suficientemente delicado como para utilizar crudo, aunque asado también resulta muy sabroso.

Ajo ahumado

De reciente aparición en el mercado, añade un delicado sabor ahumado a los platos de pescado o pollo. También sabe delicioso asado y untado sobre tostadas calientes.

Ajo en escabeche

De venta en tiendas especializadas, se presenta en tarros con los bulbos enteros o con los dientes sueltos y es muy intenso. Es de fácil preparación casera.

Ajo en escabeche

Pimienta y sal de ajo

Como su nombre indica, se trata de combinar el ajo con el sazonado. Se usa en aliños, guisos, sopas o ensaladas.

Ajo y pimienta

Sal de ajo

Pasta de ajo

Resulta conveniente cuando no se dispone de ajo fresco, pero no tiene tanto sabor como la hecha en casa.

Ajo desecado

Se vende picado, troceado, en polvo y granulado. En su forma deshidratada es casi inodoro, pero una vez rehidratado recupera el buen sabor. Estas variedades resultan útiles para añadir a salsas suaves y picantes, platos con curry, sopas, estofados, ensaladas o escabeches.

Condimento para el pan de ajo

Resulta útil para hacer de forma rápida la mantequilla de ajo con que se untan las *baguettes* antes de hornearlas. La mantequilla de ajo también se puede derretir sobre las verduras calientes o sobre carnes y pescados asados. Si se mezcla con albahaca fresca, sal y aceite de oliva, se convierte en un delicioso *pesto* para añadir a las sopas.

Técnicas

Para picar el ajo

No se preocupe si no dispone de un prensador de ajo; pruebe el siguiente método y obtendrá un resultado excelente.

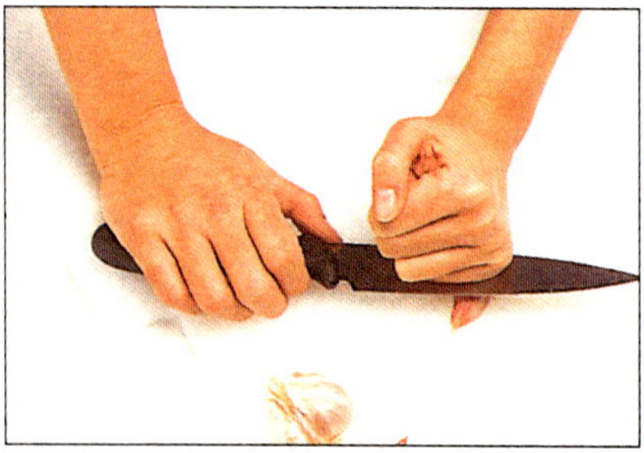

1 Separar el diente de la cabeza, colocar encima la hoja plana de un cuchillo grande y golpear con el puño. Quitar toda la piel y picar finamente.

2 Añadir una pizca de sal de mesa y con la hoja plana de un cuchillo grande amasar la sal con el ajo hasta que se reblandezca y suelte todo su jugo. Ya está listo para usar.

Para conseguir ajo picado muy fino utilizar un prensador de ajo.

Para hacer pasta de ajo

Si utiliza pasta de ajo muy a menudo, lo mejor es preparar una gran cantidad y guardarla en el frigorífico o congelador hasta que la necesite. La congelación no afecta a la intensidad ni al sabor.

1 Separar los dientes de las cabezas y pelarlos.

2 Hacer la pasta en una batidora o licuadora.

3 Congelar en una cubitera reservada para este fin, 1 cucharada en cada compartimento; congelar, separar los cubitos y guardarlos en una bolsa de plástico en el congelador. También se puede guardar en un recipiente hermético en el frigorífico durante 4-6 semanas.

Recetas básicas

Mantequilla de ajo a las hierbas

Se puede preparar de antemano y guardar en el frigorífico o congelador hasta el momento de usar. Para congelar, envolver bien con plástico transparente de cocina y después con papel de aluminio. Se puede utilizar sin descongelar.

Para 115 g/4 oz

INGREDIENTES
115 g/4 oz de mantequilla sin sal
1-2 dientes de ajo picados
2 cucharadas de perejil fresco picado fino
sal y pimienta negra recién molida

1 Poner la mantequilla en un bol y batir con una cuchara de madera o una batidora eléctrica hasta que esté blanda. Añadir el ajo picado, perejil y salpimentar al gusto. Mezclar hasta obtener una pasta fina.

2 Colocar la mantequilla sobre una lámina grande de papel parafinado y formar un rollo, procurando mantener la pasta y las manos frías. Envolver el rollo con el papel y refrigerar hasta que se solidifique. Desenvolver y cortar en rodajas.

Aceite de ajo

El aceite adquiere el delicioso sabor del ajo fresco y resulta indispensable para enriquecer aliños, salsas y salteados. Si el aceite se solidifica en el refrigerador, deje que se deshaga a temperatura ambiente.

1 Cortar la parte inferior de los dientes. Golpearlos con el reverso de un cuchillo para desprender la piel. Pelarlos con los dedos.

2 Sostener los dientes, uno a uno, con el pulgar y el índice, y picarlos apretando fuertemente con el reverso de un cuchillo pesado (cerca del mango) encima de una tabla de cortar.

3 Poner el ajo picado en un tarro con tapa de rosca. Añadir el aceite de oliva y poner la tapa. Guardar el aceite en el refrigerador un máximo de dos semanas.

CONSEJOS: Guardar ajo en aceite no es garantía de conservación, por lo que pueden aparecer bacterias si se guarda demasiado tiempo. No guardar el aceite más de dos semanas.

Sopa de espinacas, garbanzos y ajo

Una cantidad generosa de ajo da buen sabor a esta cremosa sopa de verduras suave.

4 personas

INGREDIENTES
2 cucharadas de aceite de oliva
4 dientes de ajo picados
1 cebolla troceada
2 cucharaditas de comino molido
2 cucharaditas de cilantro molido
1,2 litro/2 pintas de caldo vegetal
350 g/12 oz de patatas cortadas finas
425 g/15 oz de garbanzos cocidos escurridos
1 cucharada de harina de maíz
150 ml/¼ pinta de nata para montar
2 cucharadas de *tahín* refinado
(pasta de semillas de sésamo)
200 g/7 oz de espinacas desmenuzadas
pimentón
sal y pimienta negra recién molida

1 Calentar el aceite en una sartén grande y rehogar el ajo y la cebolla durante 5 min o hasta que estén blandos y dorados. Añadir el comino y el cilantro y dejar un minuto más.

2 Verter el caldo y añadir las patatas. Llevar a ebullición y cocer a fuego lento durante 10 min. Añadir los garbanzos y cocer a fuego lento unos 5 min o hasta que las patatas estén tiernas.

3 Mezclar la harina de maíz con la nata, el *tahín* y abundante sal y pimienta. Añadir la mezcla a la sopa con las espinacas. Llevar a ebullición, removiendo, y cocer a fuego lento durante 2 min más.

4 Rectificar la sal y la pimienta. Servir la sopa inmediatamente en tazones precalentados, espolvoreada con pimentón.

Sopa de lentejas al ajo

La cocción larga y pausada de esta sopa asegura un sabor delicado de ajo.

6 personas

INGREDIENTES
225 g/8 oz de lentejas rojas, lavadas y escurridas
2 cebollas picadas finas
2 dientes grandes de ajo picados finos
1 zanahoria picada muy fina
2 cucharadas de aceite de oliva
2 hojas de laurel
1 pellizco generoso de mejorana u orégano desecado
1,5 litros/2½ pintas de caldo vegetal
2 cucharadas de vinagre de vino tinto
sal y pimienta negra recién molida
hojas de apio para adornar
panecillos crujientes para servir

1 Poner las lentejas, cebollas, ajo, zanahoria, aceite, hojas de laurel, orégano o mejorana y el caldo en una cazuela grande de base sólida. Llevar a ebullición a fuego medio y a continuación dejar cocer a fuego lento durante media hora, removiendo de vez en vez para evitar que las lentejas se peguen a la cazuela.

2 Quitar las hojas de laurel, añadir el vinagre y salpimentar al gusto. Si la sopa está demasiado espesa en este punto, rebajar con un poco más de caldo o agua.

3 Servir la sopa en recipientes calientes, decorar con las hojas de apio y acompañar con panecillos crujientes.

Sopa de ajo española

Esta sopa de ajo, rica y sencilla, se sirve con un huevo ligeramente cocido.

4 personas

INGREDIENTES
2 cucharadas de aceite de oliva
4 dientes de ajo grandes pelados
4 rebanaditas de pan de 5 mm/¼ in de grosor
1 cucharada de pimentón dulce
1 litro/1¾ pintas de caldo de ternera
¼ de cucharadita de comino molido
1 pellizco de hebras de azafrán
4 huevos
sal y pimienta negra recién molida
perejil fresco picado para decorar

1 Precalentar el horno a 230 °C/450 °F. Calentar el aceite en una sartén grande. Añadir los dientes de ajo y dorarlos. Retirar de la sartén y apartarlos. Dorar el pan en el aceite, retirar y apartar.

2 Echar el pimentón dulce en la sartén y freírlo durante unos segundos. Añadir el caldo, el comino y el azafrán. A continuación agregar el ajo frito después de prensarlo con el reverso de una cuchara de madera. Salpimentar y cocer 5 min.

3 Repartir la sopa con un cucharón en cuatro recipientes aptos para horno y romper un huevo en cada uno. Colocar una rebanada de pan sobre cada huevo y hornear durante 3-4 min. Decorar con el perejil y servir en seguida.

Salsa suave de ajo para untar

Aunque 2 cabezas de ajo parezcan demasiado, cocinadas se vuelven dulces y suaves. Servir con palitos de pan o patatas fritas de bolsa.

4 personas

INGREDIENTES
2 cabezas enteras de ajo
1 cucharada de aceite de oliva
4 cucharadas de mayonesa
6 cucharadas de yogur griego
1 cucharadita de mostaza de grano entero
sal y pimienta negra recién molida

1 Precalentar el horno a 200 °C/400° F. Separar los dientes de ajo, sin pelar, y colocarlos en una bandeja metálica pequeña.

2 Rociar los dientes con el aceite de oliva y darles la vuelta con una cuchara para que se impregnen uniformemente. Asar durante 20-30 min hasta que el ajo esté tierno y blando. Sacar del horno y dejar enfriar durante 5 min.

VARIANTE: Si desea una versión más ligera de la salsa, utilice mayonesa *light* y yogur normal desnatado.

3 Cortar la parte inferior de cada diente de ajo. Pelar y desechar las pieles.

4 Colocar el ajo asado en una tabla de cortar y añadir la sal. Aplastar con un tenedor hasta obtener una pasta.

5 Poner la pasta en un bol pequeño, añadir la mayonesa, el yogur y la mostaza, y mezclarlo todo.

6 Rectificar la sal y la pimienta. Poner en un bol con una cuchara, cubrir y refrigerar hasta el momento de servir.

Champiñones al ajillo

Un entrante sabroso y rápido.

4 personas

INGREDIENTES
2 cucharadas de aceite
de girasol
2 cucharadas de mantequilla
5 cebolletas cortadas finas
3 dientes de ajo picados
450 g/1 lb de champiñones
40 g/1½ oz de pan blanco rallado
1 cucharada de perejil fresco
2 cucharadas de zumo de limón
sal y pimienta negra
recién molida

1 Calentar el aceite y la mantequilla en un *wok* o sartén de base sólida. Añadir las cebolletas y el ajo, y saltear a fuego medio durante 1-2 min.

2 Añadir los champiñones y freír a fuego fuerte durante 4-5 min, removiendo y volteando continuamente con una espátula o cuchara de madera.

3 Agregar el pan rallado, perejil, zumo de limón, la sal y la pimienta, y removerlo todo. Saltear durante unos minutos, hasta que el zumo de limón se haya prácticamente evaporado, y servir en seguida.

Derecha: Champiñones al ajillo (arriba); Ajo asado con picatostes

Ajo asado con picatostes

El ajo asado asombra y deleita.

4 personas

INGREDIENTES
2 cabezas de ajo
3 cucharadas de aceite de oliva y otras 3 de agua
1 ramita de romero fresco
y otra de tomillo fresco
1 hoja de laurel
sal y pimienta negra recién molida

PARA SERVIR
aceite de girasol para freír
las rebanaditas de pan
175 g/6 oz de queso de cabra fresco
o crema de queso
2 cucharaditas de hierbas frescas picadas,
como mejorana, perejil y cebollinos

1 Precalentar el horno a 190 °C/375 °F. Disponer las cabezas de ajo en una bandejita apta para hornear y rociarlas con el aceite y el agua. Añadir las hierbas y el sazonado. Cubrir con papel de aluminio y hornear durante 45-50 min.

2 Calentar un poco de aceite en una sartén y freír el pan por ambas caras. Mezclar el queso con las hierbas y disponer en una bandeja. Cortar las cabezas por la mitad y abrirlas un poco. Servir en platos pequeños con los picatostes y el queso. Cada diente se aprieta para extraer la pulpa, que se unta en el picatoste y se acompaña del queso.

Alcachofas con judías verdes y aliño al ajo

El intenso sabor del aliño al ajo complementa estupendamente las alcachofas y judías verdes en esta receta mediterránea.

3-6 personas

INGREDIENTES
225 g/8 oz de judías verdes
3 alcachofas pequeñas
1 cucharada de aceite de oliva
1 corteza de limón cortada
sal gruesa para espolvorear
trozos de limón para decorar

PARA EL ALIÑO
6 dientes de ajo grandes cortados
2 cucharaditas de vinagre de vino blanco
1 taza de aceite de oliva
sal y pimienta fresca recién molida

1 Para hacer el aliño, poner el ajo y el vinagre en una licuadora o en una batidora. Con ella encendida, incorporar poco a poco el aceite de oliva hasta obtener una mezcla suave y espesa. De forma alternativa, prensar el ajo hasta formar una pasta con el vinagre e incorporar el aceite de oliva usando una batidora manual. Salpimentar al gusto.

2 Cocer las judías en agua hirviendo durante 1-2 min hasta que se reblandezcan un poco y escurrirlas bien.

3 Quitar los tallos de las alcachofas. Cocinarlas en un cazo grande con agua salada hirviendo durante 30 min o hasta que las hojas de la base se desprendan con facilidad. Escurrir bien.

4 Con un cuchillo afilado, cortar las alcachofas por la mitad a lo largo. Quitar la pelusa con una cucharita.

5 Disponer las alcachofas y las judías en fuentes y rociar con el aceite. Esparcir la piel del limón, la sal gruesa y un poco de pimienta recién molida.

6 Poner un poco de aliño en los corazones de alcachofas con una cucharita y servir caliente, decoradas con los trozos de limón. Para comer las alcachofas, quitar las hojas de la base de una en una y untarlas en un poco de aliño. Se come la parte carnosa de la hoja, así como el corazón de la alcachofa.

CONSEJOS: Las alcachofas tiernas son ideales para este tipo de ensalada y, a diferencia de las grandes, pueden comerse enteras. Cocinarlas hasta que estén tiernas y cortarlas por la mitad para servirlas.

Bacalao al ajo

La mayonesa de ajo es ideal para el pescado al horno.

4 personas

INGREDIENTES
4 filetes de anchoa de lata, picados finos
3 cucharadas de perejil fresco picado
6 cucharadas de aceite de oliva
4 filetes de bacalao pelados, aprox. 675 g/1 ½ lb en total
40 g/1½ oz de pan rallado fresco
pimienta negra recién molida

PARA LA MAYONESA
2 dientes de ajo picados finos
1 yema de huevo
1 cucharadita de mostaza de Dijon
¾ de taza de aceite vegetal

1 Para hacer la mayonesa, poner el ajo en un bol y hacer una pasta. Añadir la yema de huevo y la mostaza y batirlo todo. Incorporar el aceite poco a poco mientras se remueve vigorosamente con un batidor de mano. Cuando la mezcla esté espesa y suave, salpimentar. Tapar el bol y refrigerar.

2 Precalentar el horno a 200 °C/400 °F. Poner las anchoas y el perejil en un bol y añadir la pimienta y 3 cucharadas del aceite. Colocar el bacalao en una bandeja engrasada para horno y untar con la pasta de anchoa. Espolvorear con el pan rallado y rociar con el aceite restante. Hornear 20-25 min. Servir con la mayonesa.

Rape al ajo y tomillo

Este pescado combina muy bien con el ajo, los tomates y las aceitunas.

4 personas

INGREDIENTES
500 g/1¼ lb de filete de rape, en rodajas de 1 cm/½ in de grosor
3 cucharadas de aceite de oliva extra virgen
75 g/3 oz de aceitunas negras pequeñas deshuesadas
1 tomate grande o 2 pequeños sin semillas y a dados
1 ramita de tomillo fresco o 1 cucharadita de tomillo desecado
3 dientes de ajo picados
sal y pimienta negra recién molida
ramitas de tomillo fresco para adornar

1 Precalentar el horno a 200 °C/400 °F. Calentar bien una sartén antiadherente sin aceite. Dorar rápidamente ambas caras del pescado.

2 Rociar con 1 cucharada de aceite una bandeja plana para horno. Disponer el pescado en una capa con las aceitunas y los tomates por encima.

3 Esparcir el tomillo, el ajo, la sal y la pimienta por encima del pescado. Hornear durante 10-12 min. Decorar con las ramitas de tomillo y servir.

A la derecha: Bacalao al ajo (arriba); Rape al ajo y tomillo

Salmonete asado al romero y ajo

Las láminas de ajo se introducen en cortes hechos al pescado sencillamente asado en este plato ideal para cualquier ocasión.

4 personas

INGREDIENTES
4 salmonetes limpios
de aprox. 275 g/10 oz cada uno
4 dientes de ajo cortado
a lo largo en finas láminas
5 cucharadas de aceite de oliva
2 cucharadas de vinagre balsámico
2 cucharaditas de romero fresco picado
muy fino o 1 cucharadita de romero
desecado
pimienta negra recién molida
ramitas de romero fresco
y trozos de limón
para adornar
sal gruesa para servir

1 Hacer tres cortes en diagonal en ambas caras del pescado. Introducir las láminas de ajo en las hendiduras. Disponer el pescado en una capa en una bandeja de horno. Batir el aceite, vinagre, romero con la pimienta al gusto.

2 Rociar el pescado con la mezcla, tapar y dejar macerar en un lugar fresco durante aprox. 1 h. Precalentar la parrilla.

3 Poner el pescado en una parrilla y asar durante 5-6 min por cada cara, volviéndolo una vez y untándolo con el macerado. Servir caliente, espolvoreado con la sal gruesa y decorado con las ramitas de romero fresco y los trozos de limón.

Filetes de merluza al horno con ajo

Utilizar el ajo más fresco para esta sencilla receta de pescado.

4 personas

INGREDIENTES
4 filetes de merluza de aprox. 175 g/6 oz
1 chalote picado fino
2 dientes de ajo cortados en láminas
4 ramitas de tomillo fresco, extra para adornar
piel rallada y zumo de 1 limón
y zumo extra para rociar
2 cucharadas de aceite de oliva extra virgen
sal y pimienta negra recién molida

1 Precalentar el horno a 180 °C/350 °F. Disponer los filetes en la base de una bandeja metálica de horno. Esparcir el chalote, ajo y tomillo por encima. Salpimentar bien.

2 Rociar con el zumo de limón y el aceite. Hornear durante aprox. 15 min o hasta que el pescado esté hecho pero aún compacto.

3 Servir en seguida, esparcido con limón rallado y adornado con ramitas de tomillo.

VARIANTE: También puede hacerse con filetes de bacalao o abadejo. Se puede utilizar una mezcla de hierbas frescas en lugar de sólo tomillo.

Pagro al ajo, guindilla y salsa de jengibre

La ginebra, guindilla y el ajo añaden un sabor picante a un plato de pescado que sabe tan bien como aparenta.

4 personas

INGREDIENTES
1,5 kg/3½ lb de pagro limpio
2 cucharadas de aceite de girasol
1 cebolla picada
2 dientes de ajo prensados
50 g/2 oz de champiñones laminados
1 cucharadita de cilantro picado
1 cucharada de perejil fresco picado
2 cucharadas de raíz de jengibre rallada
2 guindillas rojas frescas, sin semillas y cortadas
1 cucharada de harina de maíz
3 cucharadas de ginebra
300 ml/½ pinta de caldo de pollo o vegetal
sal y pimienta negra recién molida

PARA LA GUARNICIÓN
1 cucharada de aceite de girasol
6 dientes de ajo cortados
1 corazón de lechuga finamente cortado en juliana
1 ramillete de cilantro fresco, atado con rafia roja

1 Precalentar el horno a 190 °C/375 °F. Engrasar una bandeja de horno grande. Hacer unos cortes en diagonal en una cara del pescado.

2 Calentar el aceite en una sartén y freír la cebolla, el ajo y los champiñones durante 2-3 min. Añadir el cilantro molido y el perejil picado, y remover. Salpimentar.

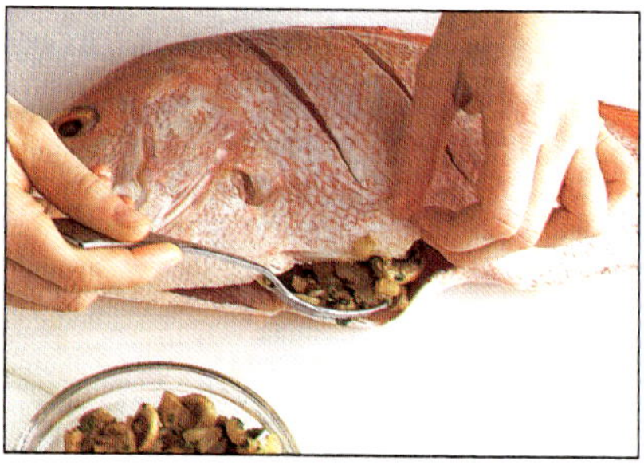

3 Introducir la mezcla de cebolla en las hendiduras del pescado y colocar cuidadosamente en la bandeja. Esparcir el jengibre y la guindilla por encima, tapar y hornear durante 30-40 min, rociando con su jugo de cuando en cuando. Destapar durante los últimos 10 min.

4 Colocar el pescado cuidadosamente en una bandeja y mantener caliente. Verter el jugo de cocción en un cazo.

5 Mezclar la harina de maíz y la ginebra en un pequeño bol. Añadir la mezcla al jugo de cocción y remover. Agregar el caldo. Llevar a ebullición y cocer a fuego lento durante 3-4 min o hasta que espese, sin dejar de remover. Probar y rectificar la sal y la pimienta; echar en una salsera.

6 Para la guarnición, calentar el aceite en una pequeña sartén y saltear el ajo cortado y la lechuga en juliana a fuego vivo hasta que se dore. Poner junto al pescado con una cuchara. Colocar el ramillete de cilantro en el otro lado. Servir en seguida con la salsa.

Rape asado al ajo e hinojo

El sabor del ajo resulta penetrante en esta receta que, por su esplendor, es adecuada para una fiesta. Puede comprar el pescado fileteado, aunque puede hacerlo en casa de manera sencilla con un cuchillo afilado.

4 personas

INGREDIENTES
1,2 kg/2½ lb de cola de rape
8 dientes de ajo
1 cucharada de aceite de oliva
2 bulbos de hinojo cortados
corteza rallada y zumo de 1 limón
1 hoja de laurel y extra
 para decorar
sal y pimienta negra recién molida

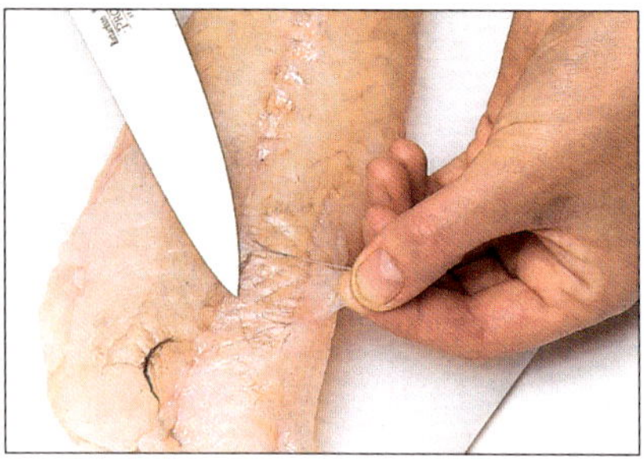

1 Precalentar el horno a 220 °C/425 °C. Quitar la piel del pescado con un cuchillo de filetear.

VARIACIÓN: Para lograr un mayor efecto de color, utilice hojas picadas de *radicchio,* como alternativa a los bulbos de hinojo.

2 Cortar a lo largo por la espina del medio para extraer el filete. Repetir la operación por la otra cara. Atar los filetes con una cuerda.

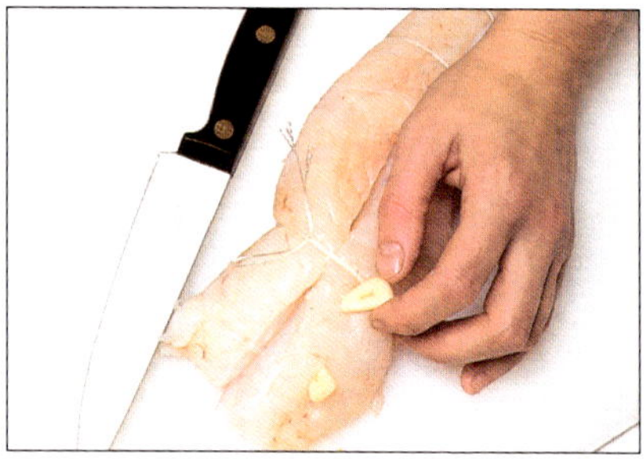

3 Pelar y cortar los dientes de ajo y hacer incisiones en la carne del pescado. Introducir los trozos de ajo en las incisiones.

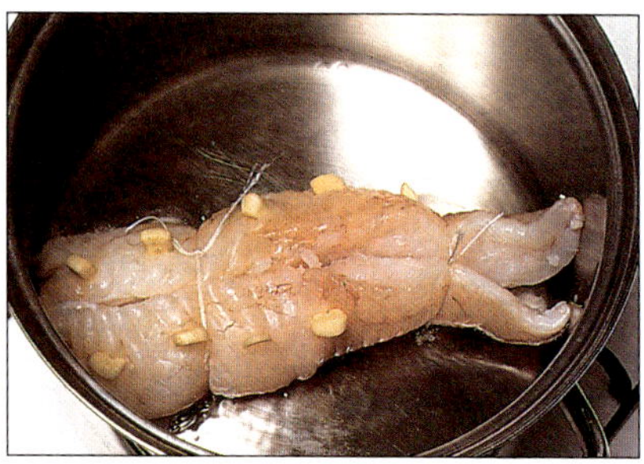

4 Calentar el aceite en una sartén grande de base sólida, añadir el pescado y freírlo a fuego fuerte poco tiempo, para dorarlo por ambas caras.

5 Disponer el pescado en una bandeja de horno con el hinojo, el zumo de limón y el resto de condimentos. Hornear durante aprox. 20 min o hasta que el pescado esté hecho. Servir en seguida, decorado con hojas de laurel y corteza de limón rallado.

Gambas empanadas al ajo

Las gambas o langostinos frescos son deliciosos si además se colman con mantequilla de ajo y se cubren con pan rallado dorado. Para entrantes, utilizar la mitad de las cantidades dadas.

4 personas

INGREDIENTES
32 gambas o langostinos frescos
250 g/12 oz de mantequilla blanda
8 dientes de ajo picados
2 cucharadas de perejil fresco picado
4 cebolletas picadas finas
1 cucharada de mostaza de grano entero
115 g/4 oz de pan rallado blanco fresco
pimienta negra recién molida
ramitas de perejil fresco para adornar
pan moreno para servir

1 Poner agua en un cazo grande y llevar a ebullición. Echar las gambas y cocinar hasta que floten en el agua. Escurrir y enfriar con agua fría; después pelarlas todas menos 4 que se apartarán.

2 Precalentar el horno a 200 °C/400 °F. Poner en un bol la mantequilla, ajo, perejil, cebolletas, mostaza y pimienta negra, y mezclarlo todo con la batidora.

3 Dividir las gambas peladas en cuatro bandejas de horno. Dividir la mantequilla en cuatro y untar las gambas con el reverso de un cuchillo. Esparcir el pan rallado por encima.

4 Poner las bandejas en el horno y dejar 15 min o hasta que el pan rallado esté dorado. Adornar con el perejil y las gambas con piel y servir con el pan moreno.

VARIACIÓN: Para lograr una variación más picante, sustituir las cebollas por un chile rojo seco y picado, y usar cebollinos por el perejil.

Pollo asado al ajo

Utilizar ajo temprano, ya que no se necesita pelar, a menos que la piel sea gruesa.

8 personas

INGREDIENTES
2 kg/4 ½ lb de porciones de pollo
2 cucharadas de mantequilla
y 1 cucharada de aceite de oliva
1 cebolla grande por la mitad y en rodajas
3 cabezas grandes de ajo, unos 200 g/7 oz, con los dientes separados y pelados
150 ml/¼ pinta de vino blanco seco
1 taza de caldo de pollo
4-5 ramitas de tomillo fresco
1 ramita de romero fresco y 3 hojas de laurel
sal y pimienta negra recién molida

1 Precalentar el horno a 190 °C/375 °F. Salpimentar el pollo. Calentar la mantequilla y el aceite en una cazuela resistente al fuego.

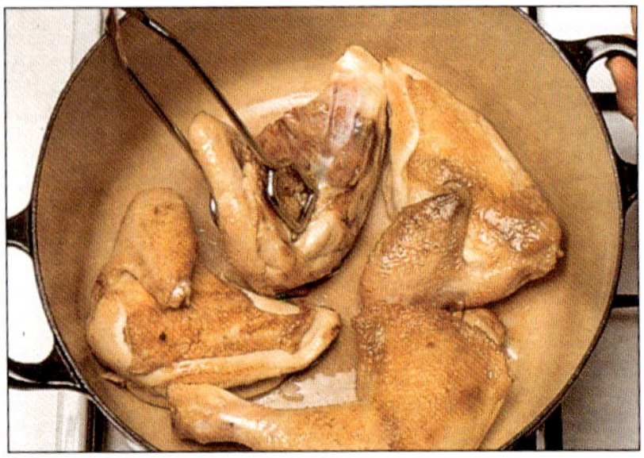

2 Poner el pollo con la parte de la piel hacia abajo en la cazuela. Dorar volteando continuamente. Pasar a una bandeja. Cocinar en tandas si es necesario y desechar la grasa de la cocción.

3 Añadir la cebolla y el ajo a la cazuela y cocer tapado a fuego medio, hasta que esté ligeramente dorado, removiendo continuamente.

4 Rociar con el vino, llevar a ebullición y volver a poner el pollo en la cazuela. Agregar el caldo y las hierbas y llevar de nuevo a ebullición. Tapar y meter en el horno. Hornear durante 25 min o hasta que el pollo esté tierno y el jugo salga claro cuando se pincha la parte más gruesa del muslo con un cuchillo.

5 Retirar el pollo de la cazuela y colar el jugo de la cocción. Retirar las hierbas y hacer un puré suave con la parte solida en una batidora.

6 Retirar toda la grasa del jugo de cocción y volver a verter en la cazuela. Añadir el puré de ajo y cebolla y remover. Volver a colocar el pollo en la cazuela y recalentar durante 3-4 min antes de servir.

Pollitos asados picantes al ajo

El rebozado de comino, cilantro y ajo mantiene los pollitos jugosos.

4 personas

INGREDIENTES
2 dientes de ajo troceados
1 cucharadita de comino molido
1 cucharadita de cilantro molido
una pizca de pimienta de cayena
½ cebolla pequeña picada
4 cucharadas de aceite de oliva
½ cucharadita de sal y 2 pollitos
trozos de limón para adornar

1 Mezclar el ajo, comino, cilantro, pimienta de cayena, cebolla, aceite de oliva y sal en una licuadora, y hacer una pasta.

2 Cortar los pollitos por la mitad a lo largo. Colocarlos con la parte de la piel hacia arriba, en una fuente poco honda, y untar con la pasta. Tapar y macerar durante 2 h.

3 Precalentar el grill o preparar una barbacoa. Asar los polluelos al grill o a la barbacoa durante 15 min, volviéndolos continuamente, hasta que estén hechos y un poco tostados. Servir adornados con los trozos de limón.

Derecha: Pollitos asados picantes al ajo(arriba); Pollo con 40 dientes de ajo

Pollo con 40 dientes de ajo

La cocción larga y pausada del ajo lo hace blando y sabroso.

4-6 personas

INGREDIENTES
½ limón
ramitas de romero fresco
1,5-2 kg/3-4 ½ lb de pollo
4-5 cabezas de ajo
4 cucharadas de aceite de oliva
sal y pimienta negra
recién molida
servir con habas y cebolletas al vapor

1 Precalentar el horno a 190 °C/375 °F. Colocar el medio limón y las ramitas de romero dentro del pollo. Separar los dientes de tres o cuatro cabezas de ajo y quitarles la cáscara, sin pelar del todo. Cortar la parte de arriba de la otra cabeza.

2 Calentar el aceite en una cazuela grande resistente al fuego. Añadir el pollo, volviéndolo para cubrir toda la piel. Salpimentar y añadir el ajo.

3 Tapar la cazuela con papel de aluminio y después con la tapa. Colocar en el horno y dejar 1-1¼ h hasta que el pollo esté hecho. Servir el pollo con el ajo y el jugo de la cocción, acompañado de habas y cebolletas al vapor.

Pollo con salsa de tomate al ajo

En este delicioso plato, el pollo asado en el horno se cubre con una salsa de ajo rica y sabrosa.

8 personas

INGREDIENTES

1.75 kg/4 lb de pollo cortado en 8 porciones
1.5 ml/¼ lb de tomillo fresco piscado
3 cucharadas de mantequilla
3 cucharadas de aceite vegetal
3-4 dientes de ajo picados
2 cebollas picadas finas
½ taza de jerez seco
3 cucharadas de pasta de tomate
unas cuantas hojas de laurel
aprox. 2 cucharadas de vinagre de vino blanco
un pellizco generoso de azúcar granulado
1 cucharadita de mostaza suave
400 g/14 oz de tomates picados
225 g/8 oz de champiñones laminados
sal y pimienta blanca recién molida
albahaca fresca y hojas de tomillo para decorar
servir con arroz

1 Precalentar el horno a 180 °C/350 °F. Salpimentar las porciones de pollo y esparcir el tomillo picado por encima. Calentar la mantequilla y el aceite en una sartén grande y freír el pollo hasta que esté dorado por todas partes. Retirar de la sartén, colocar en una bandeja de horno y mantener caliente.

2 Añadir el ajo y la cebolla a la sartén y dejar unos 2-3 min o hasta que esté blando.

3 Mezclar el jerez, la pasta de tomate, la albahaca, el vinagre y el azúcar en un bol con la sal y la pimienta. Añadir la mostaza y los tomates. Echar en la sartén y llevar a ebullición.

4 Bajar el fuego y añadir los champiñones. Rectificar el sazonado añadiendo más azúcar o vinagre al gusto.

5 Verter la salsa sobre el pollo. Hornear tapado durante 45-60 min o hasta que el pollo esté bien hecho. Servir en seguida sobre una porción de arroz y decorado con albahaca y hojas de tomillo.

VARIANTE: Se pueden reemplazar los champiñones por setas silvestres, cuidando siempre de lavarlas bien antes de usar. El efecto final del plato deberá ser igual de apetitoso.

Muslos de pollo al ajo y limón

Se utilizan dientes de ajo enteros y rodajas de limón para la salsa de este delicioso y sencillo plato de pollo.

4 personas

INGREDIENTES
600 ml/1 pinta de caldo de pollo
20 dientes grandes de ajo pelados
1 cucharada de mantequilla
1 cucharada de aceite de oliva
8 muslos de pollo
1 limón bien pelado en rodajas finas
2 cucharadas de harina
150 ml/¼ pinta de vino blanco seco
sal y pimienta negra recién molida
perejil o albahaca frescos picados para adornar
pan para servir

1 Poner el caldo en un cazo y llevar a ebullición. Añadir los dientes de ajo, tapar y dejar a fuego lento durante 40 min.

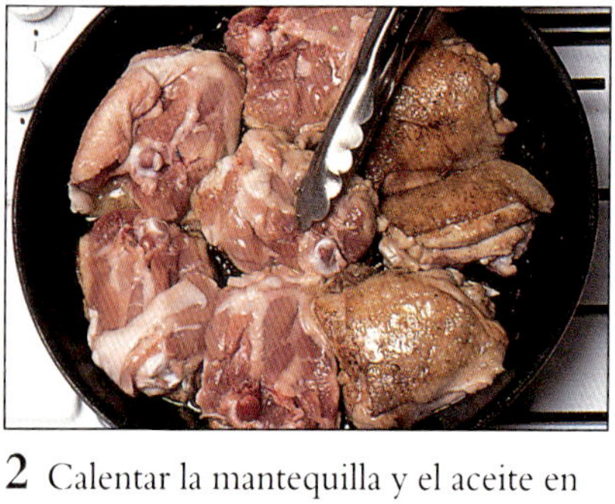

2 Calentar la mantequilla y el aceite en una sartén, añadir el pollo y cocinar a fuego lento por todas partes. Transferir los muslos a una bandeja de horno. Precalentar el horno a 190 °C/375 °F.

3 Colar el caldo y reservarlo. Disponer el ajo y el limón con los trozos de pollo. Añadir la harina a la grasa de la sartén y cocinar durante 1 min, removiendo.

4 Añadir el vino y remover sin parar, despegando el fondo de la sartén; a continuación agregar el caldo. Dejar cocer, removiendo, hasta que la salsa esté suave y espesa. Salpimentar con la sal y la pimienta negra recién molida, al gusto.

5 Verter la salsa sobre el pollo, tapar y hornear durante 40-45 min o hasta que el pollo esté tierno.

6 Si se quiere la salsa más espesa, destapar el pollo y hervir hasta que la salsa se reduzca a la consistencia deseada. Esparcir el perejil picado y la albahaca por encima y servir con rebanadas de pan gruesas para untar en la salsa.

Pollo cocinado al coco y al ajo

El ajo, cilantro, galanga, limoncillo y hojas de lima *kafir* aromatizan la leche de coco para la salsa de este plato indonesio. Le llamarán gratamente la atención sus sabores y olores exóticos.

4 personas

INGREDIENTES
1,5 kg/3-3½ lb de pollo o 4 cuartos
4 dientes de ajo pelados
1 cebolla cortada
4 nueces de *macadamia* u 8 almendras
1 cucharada de semillas de cilantro fritas o 1 cucharadita de cilantro molido
3 cucharadas de aceite
2,5 cm/1 in de raíz de galanga o jengibre, pelada y triturada
2 tallos de limoncillo, la parte carnosa triturada
3 hojas de lima *kafir*
2 hojas de laurel
1 cucharadita de azúcar
600 ml/1 in de leche de coco
servir con arroz hervido y cebollas fritas (ver Consejos)

1 Precalentar el horno a 190 °C/375 °F. Cortar el pollo en 4 u 8 trozos. Salpimentar. Poner en una bandeja de horno engrasada y hornear durante 25-30 min. Mientras tanto, preparar la salsa.

2 Triturar el ajo, cebolla, nueces y cilantro en una licuadora o mortero hasta formar una pasta fina. Calentar el aceite en un *wok* o sartén grande y freír la pasta. No dejar que se dore.

3 Añadir el pollo parcialmente cocinado con la galanga o jengibre, limoncillo, hojas de albahaca y lima, azúcar, leche de coco, y rectificar la sal al gusto. Mezclar bien para cubrir el pollo con la salsa.

CONSEJOS: Para hacer la cebolla frita, cortar 450 g/1 lb de cebollas tan finas como sea posible. Esparcir en una capa fina sobre papel de cocina en un lugar ventilado y dejar entre 30 min y 2 h. Calentar el aceite en una sartén honda o *wok* a 190 °C/375 °F y freír la cebolla en turnos hasta que esté bien dorada, volviéndola continuamente. Escurrir bien sobre papel de cocina y enfriar.

4 Llevar a ebullición y cocinar a fuego lento durante 30-40 min, sin tapar, hasta que el pollo esté tierno y la salsa de coco se reduzca y espese. Remover de cuando en cuando durante la cocción.

5 Un momento antes de servir, retirar la galanga o jengibre y el limoncillo. Servir con arroz hervido y cebollas fritas.

Cerdo a la *marsala* y ajo

Las bayas de enebro combinadas con el ajo y la *marsala* crean una salsa genial, complemento perfecto para este plato de carne.

4 personas

INGREDIENTES
4 escalopes de cerdo
2 cucharaditas de vinagre balsámico
8 dientes de ajo pelados
1 cucharada de mantequilla
3 cucharadas de *marsala*
unas ramitas de romero fresco
2 cucharadas de setas desecadas remojadas en agua caliente
10 bayas de enebro picadas
sal y pimienta negra recién molida
servir con fideos chinos y verduras verdes

1 Con un pincel untar el cerdo con 1 cucharadita de vinagre y salpimentar. Cocer los ajos en un pequeño cazo con agua hirviendo durante 10 min. Escurrir y separar.

2 Fundir la mantequilla en una sartén grande. Añadir el cerdo y freír a fuego vivo hasta que la cara de abajo esté dorada. Voltear y freír 1 min por la otra cara.

3 Añadir la *marsala,* el romero, los champiñones, 4 cucharadas del agua de las setas, el ajo, el enebro y el vinagre restante. Cocer a fuego lento durante aprox. 3 min hasta que el cerdo esté hecho. Salpimentar un poco y servir con fideos chinos y verduras verdes, al gusto.

Guiso de cerdo y salchicha de ajo

La salchicha de ajo da un sabor inconfundible a este plato alemán.

6 personas

INGREDIENTES

3 cucharadas de aceite de girasol
225 g/8 oz de beicon sin piel y cortado a dados
450 g/1 lb de paletilla de cerdo cortada en dados de 2,5 cm/1 in
1 cebolla grande cortada
900 g/2 lb de patatas cortadas gruesas
1 taza de cerveza suave
225 g/8 oz de salchicha de ajo alemana, pelada y cortada
500 g/1½ lb de *sauerkraut* (col fermentada) escurrida
2 manzanas rojas cortadas
1 cucharadita de semillas de alcaravea (carvi)
sal y pimienta negra recién molida

1 Precalentar el horno a 180 °C/350 °F. Calentar 2 cucharadas de aceite en una cazuela resistente al fuego. Freír el beicon durante 2-3 min y a continuación dorar un poco los dados de cerdo. Retirar la carne y apartar.

2 Añadir el aceite restante a la cazuela y cocer la cebolla a fuego lento durante 10 min hasta que esté blanda. Volver a echar la carne a la cazuela con las patatas y la cerveza. Llevar a ebullición. Tapar y hornear durante 45 min.

3 Añadir la salchicha de ajo, *sauerkraut*, manzanas y carvi. Salpimentar al gusto. Volver a colocar en el horno y dejar 30 min más. Servir caliente.

Cazuela de cordero al ajo con habas

Esta receta de influencia hispánica se basa en el cordero estofado con ajo y jerez. Las habas dan un toque de color.

6 personas

INGREDIENTES

3 cucharadas de aceite de oliva
1,5 kg/3-3½ lb de filete de cordero cortado en dados de 5 cm/2 in
1 cebolla grande cortada
6 dientes grandes de ajo pelados
1 hoja de laurel
1 cucharadita de pimentón
½ taza de jerez seco
½ taza de caldo de ternera
115 g/4 oz de habas peladas frescas o congeladas
2 cucharadas de perejil fresco picado
sal y pimienta negra recién molida

1 Calentar 2 cucharadas de aceite en una cazuela grande resistente al fuego. Añadir la mitad de la carne y dorar bien por todas partes. Transferir a una bandeja. Dorar el resto de la carne del mismo modo y retirar de la cazuela.

2 Calentar el aceite restante en la cazuela, añadir la cebolla y cocer durante aprox. 5 min hasta que esté blanda. Volver a poner la carne en la cazuela.

3 Añadir los dientes de ajo, hoja de laurel, pimentón, jerez y caldo. Salpimentar. Llevar a ebullición y a continuación tapar y dejar cocer a fuego lento durante 1½-2 h, hasta que la carne esté tierna.

4 Agregar las habas unos 10 min antes de que finalice el tiempo de cocción. Añadir y remover el perejil justo antes de servir.

Costillares de cordero a la mostaza y ajo

Tierno cordero asado cubierto con delicioso y crujiente pan rallado.

6-8 personas

INGREDIENTES
3 costillares de cordero (7-8 costillas cada uno) desengrasados y parcialmente pelados
2 o 3 dientes de ajo
115 g/4 oz (unas 4 rebanadas) de pan blanco o integral a trozos
1 ½ cucharadas de hojas de tomillo o 1 cucharada de hojas de romero
1 ½ cucharadas de mostaza de Dijon
2 cucharadas de aceite de oliva
pimienta negra recién molida
romero fresco para adornar
servir con patatas tempranas hervidas

1 Precalentar el horno a 220 °C/425 °F. Quitar toda la grasa restante del cordero.

CONSEJOS: Para deshuesar, cortar los primeros 4 cm/1½ in de carne de la parte más delgada del hueso y raspar hasta limpiar el trozo de hueso.

2 En una batidora de cuchilla metálica encendida, echar el ajo por el alimentador hasta triturarlo bien. Añadir el pan, hierbas, mostaza, un poco de pimienta y mezclar; a continuación agregar poco a poco el aceite en un chorrito.

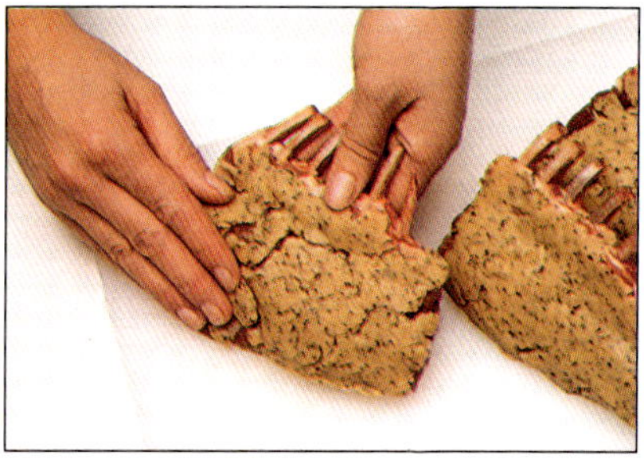

3 Untar el lado de la carne con la mezcla de pan, cubriendo totalmente la superficie.

4 Poner los costillares en una bandeja plana y asar durante aprox. 25 min si se quiere poco hecho, o 3-5 min más si se quiere al punto (un termómetro de carne debería marcar 57-60 °C/135-140 °F para carne poco hecha).

5 Trasladar la carne a una tabla de cortar o fuente calentada. Cortar entre las costillas y servir acompañado de patatas tempranas.

Estofado corso de ternera y ajo con macarrones

El estofado de cocción lenta resulta rico y sabroso con el ajo. La salsa de carne se sirve con los macarrones, al estilo corso.

4 personas

INGREDIENTES
25 g/1 oz de setas desecadas
6 dientes de ajo pelados
900 g/2 lb de ternera para estofado, cortada en dados de 5 cm/2 in
115 g/4 oz de panceta cortada a tiras
3 cucharadas de aceite de oliva
2 cebollas cortadas
300 ml/½ pinta de vino blanco seco
2 cucharadas de tomate *passata*
una pizca de canela molida
una ramita de romero fresco
1 hoja de laurel
225 g/8 oz de macarrones grandes
50 g/2 oz de queso Parmesano fresco rallado
sal y pimienta negra recién molida

1 Remojar las setas en agua caliente durante 30 min. Escurrir, poner aparte y guardar el agua.

2 Hacer diversas incisiones en la carne con un cuchillo afilado. Cortar tres de los dientes de ajo en tiritas e insertar en la carne. Introducir los trozos de panceta en la carne junto con el ajo. Salpimentar la carne.

3 Calentar el aceite en una sartén de base sólida, añadir la mitad de la carne y dorar bien por todas partes. Poner en una fuente. Repetir la operación con la carne restante.

4 Añadir las cebollas cortadas a la sartén y dorar ligeramente. Picar el ajo restante y añadirlo a las cebollas. Volver a poner la carne en la sartén.

5 Agregar el vino, *passata*, setas, canela, romero y hoja de laurel, remover y salpimentar. Cocer a fuego lento durante 30 min, removiendo a menudo.

6 Colar el líquido de las setas y añadir al estofado hasta cubrirlo. Llevar a ebullición, tapar y dejar cocer a fuego muy lento durante 3 h o hasta que la carne esté tierna.

7 Cocer los macarrones en un cazo grande con agua salada hirviendo durante 10 min, o según las instrucciones del paquete, hasta que esté *al dente*. Retirar la carne de la salsa y ponerla en una fuente precalentada. Escurrir la pasta y poner en un bol con la salsa de carne y el queso. Servir con la carne.

Espaguetis con ajo asado

El sabor del ajo asado es más suave de lo que se imagina. Tenga cuidado a la hora de asar el ajo para que éste no se tueste demasiado, en cuyo caso amargaría.

4 personas

INGREDIENTES
1 cabeza de ajo
400 g/14 oz de espaguetis frescos o secos
½ taza de aceite de oliva extra virgen
sal y pimienta negra recién molida
queso Parmesano cortado en láminas finas y pan crujiente (opcional) para servir

1 Precalentar el horno a 180 °C/350 °C. Colocar la cabeza de ajo en una bandeja bien engrasada y hornear durante 30 min. Tenga cuidado a la hora de controlar lo tostado que está el ajo ya que si se asa demasiado daría un sabor amargo al plato.

2 Cocer la pasta en un cazo con agua salada hirviendo según las instrucciones del paquete hasta que esté *al dente*.

3 Dejar enfriar el ajo, ponerlo de lado y cortar un tercio de la parte superior de la cabeza con un cuchillo afilado.

4 Sostener la cabeza encima de un bol y extraer la pulpa de cada diente de ajo con la punta de un cuchillo. Cuando toda la pulpa esté en el bol, agregar el aceite y una cantidad generosa de pimienta negra. Mezclar todo bien.

5 Escurrir la pasta y ponerla en el cazo limpio. Añadir la mezcla de ajo y aceite y mezclar con la pasta vigorosamente a fuego medio, hasta que la pasta esté bien impregnada.

CONSEJOS: Aunque el ajo asado se vende ahora en supermercados, es mejor asarlo en casa para esta sencilla receta, a fin de que se funda en el aceite de oliva e impregne bien la pasta.

6 Servir en seguida, con las lonchas finas de queso por separado y acompañado de pan crujiente para untar en las salsas, si se desea.

VARIANTE: Para dar un toque picante, esparcir guindillas picadas por encima de la pasta cuando se mezcle con el aceite y el ajo.

Pizza de feta, ajo asado y orégano

¡La *pizza* para amantes del ajo! Pele los ajos antes de comerlos.

4 personas

INGREDIENTES
1 cabeza de ajo mediana
3 cucharadas de aceite de oliva
1 pimiento rojo sin semillas y en cuartos
1 pimiento amarillo mediano sin semillas y en cuartos
2 tomates pera
175 g/6 oz de queso Feta cortado
pimienta negra recién molida
1-2 cucharadas de orégano fresco para decorar

PARA LA MASA
½ cucharadita de levadura en polvo
una pizca de azúcar granulado
450 g/1 lb de harina blanca
1 cucharadita de sal y 2 cucharadas de aceite de oliva

1 Para hacer la masa, poner 300 ml/½ pinta de agua templada en un medidor. Añadir la levadura y el azúcar y dejar reposar 5-10 min hasta que se vea espuma.

2 Cribar la harina y la sal, poner en un bol grande y hacer un hoyo en el centro. Añadir poco a poco la mezcla de levadura y aceite hasta formar una masa suave. Trabajar la masa sobre una superficie espolvoreada con harina durante aprox. 10 min hasta que la masa sea suave y elástica; después dejar tapada en un lugar caliente durante 1 ½ h para que suba.

3 Precalentar el horno a 200 °C/400 °F. Separar los dientes de ajo, y quitar la piel externa. Mezclar con 1 cucharada de aceite y reservar.

4 Poner los pimientos rojos y amarillos con la parte de la piel hacia arriba en una bandeja de horno y asar hasta que la piel esté uniformemente tostada. Colocar en una fuente tapada durante aprox. 10 min y a continuación pelar. Cortar el pimiento en tiras.

5 Escaldar los tomates en un bol, vertiendo agua hirviendo por encima. Dejar durante 30 s y a continuación sumergirlos en agua fría. Pelar, quitar las semillas y trocear la pulpa.

6 Dividir la masa en cuatro partes y aplanar con un rodillo sobre una superficie espolvoreada con harina, formando circunferencias de 13 cm/5 in.

7 Colocar las circunferencias de masa separadas en 2 bandejas de horno engrasadas y redoblar hacia arriba el borde de la masa, formando un reborde fino. Untar la mitad del aceite restante con un pincel y esparcir los tomates por encima. Añadir los pimientos, el queso y los dientes de ajo sobre el tomate. Rociar con el aceite restante y sazonar con pimienta negra.

8 Hornear las *pizzas* durante 15-20 min hasta que estén crujientes y doradas. Decorar con el orégano picado y servir en seguida.

VARIANTE: Probar la *pizza* con otros ingredientes, como tomates secados al sol, aceitunas y Mozzarella.

Buñuelos de calabacín con *pesto* de ajo

El delicioso sabor y la textura de la salsa *pesto* de ajo contrasta con los sabrosos buñuelos típicos del sur de Francia.

4 personas

INGREDIENTES
450 g/1 lb de calabacines rallados
75 g/3 oz de harina
1 huevo con la yema separada
1 cucharada de aceite de oliva
aceite para freír
sal y pimienta negra recién molida

PARA EL PESTO DE AJO
15 g/½ oz de hojas de albahaca
4 dientes de ajo pelados
75 g/3 oz de queso Parmesano recién rallado
1 piel de limón rallada fina
150 ml/¼ pinta de aceite de oliva

1 Para hacer el *pesto* de ajo, triturar las hojas de albahaca y el ajo con una maza en un mortero, hasta obtener una pasta fina. Poner la pasta en un bol, añadir el queso rallado y la piel de limón, y remover. Agregar el aceite poco a poco, removiendo hasta que quede todo bien mezclado. Colocar en una fuente para servir.

2 Poner los calabacines rallados en un colador y salar generosamente encima de un bol. Tapar con un plato pesado y al cabo de 1 h enjuagar bien. Secar bien sobre papel de cocina.

3 Cribar la harina y ponerla en un bol, hacer un hoyo en el centro y añadir la yema de huevo y aceite. Añadir 5 cucharadas de agua.

4 Añadir los calabacines a la masa y remover. Montar la clara a punto de nieve y añadirla a la masa.

5 Calentar 1 cm/½ in de aceite en una sartén. Ir poniendo cucharaditas de masa en el aceite y freír durante 2 min hasta que estén dorados. Escurrir los buñuelos sobre papel de cocina y mantenerlos calientes mientras se fríe el resto. Servir con el *pesto*.

Apio-nabo relleno al ajo

Estas verduras se rellenan con su misma pulpa extraída mezclada con ajo y perejil; se cuecen a fuego lento con aceite de oliva y agua con limón para mayor frescura.

4 personas

INGREDIENTES
zumo de 2 limones
4 apio-nabos pequeños de aprox. 200-225 g/7-8 oz cada uno
150 ml/¼ pinta de aceite de oliva extra virgen
trozos de limón y ramitas de perejil para adornar

PARA EL RELLENO
6 dientes de ajo picados finos
1 cucharadita de pimienta negra en grano
4-5 cucharadas de perejil fresco picado
sal

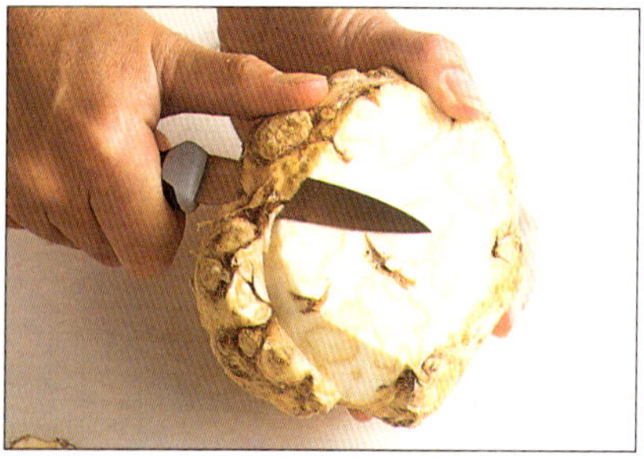

1 Poner el zumo de limón en un bol grande y añadir el agua hasta dos tercios de su capacidad. Pelar bien el apio nabo con un cuchillo afilado y sumergir rápidamente en el agua con limón hasta el momento de utilizarlo.

2 Vaciar con cuidado la pulpa de cada apio-nabo, dejando una corteza de aprox. 2 cm/¾ in de grosor para poner el relleno. Reservar el agua con limón.

3 Cortar rápidamente la pulpa del ajo nabo y mezclar con el ajo y los granos de pimienta picados. Añadir el perejil y salar.

4 Rellenar las cortezas de apio-nabo con la masa de ajo y colocarlas en una sartén grande a la medida para que no se muevan durante la cocción. Agregar el aceite de oliva y el agua con limón hasta cubrir la mitad de los apio-nabos.

5 Cocer a fuego lento hasta que el apio nabo esté tierno y el agua se haya prácticamente evaporado. Servir el apio-nabo caliente o frío en su propio jugo, y decorar con trozos de limón y ramitas de perejil.

Patatas al ajo concertina

El ajo penetra en las patatas durante la cocción, que se sirven cubiertas de una crema a las hierbas.

4 personas

INGREDIENTES
4 patatas grandes para hornear
2 dientes de ajo cortados en láminas
4 cucharadas de crema agria
4 cucharadas de yogur natural
2 cucharadas de cebollinos frescos troceados
6-8 brotes de berros picados finos (opcional)
sal y pimienta negra recién molida

1 Precalentar el horno a 200 °C/400 °F. Practicar incisiones profundas en las patatas sin que pierdan su forma. Insertar las láminas de ajo en algunos de los cortes.

2 Colocar las patatas rellenas en una bandeja de horno y asar durante 1-1 ¼ h o hasta que estén blandas al pinchar con un tenedor. Mientras tanto, mezclar la crema agria y el yogur en un bol. Añadir los cebollinos y los berros (si se utilizan), y mezclar todo. Salpimentar al gusto.

3 Servir las patatas horneadas en platos individuales, con una buena cucharada de salsa de yogur y crema por encima.

CONSEJOS: Aunque existen distintos tipos de patatas, las mejores para asar son las de textura harinosa. Trate de seleccionar patatas de un tamaño mediano para que se asen bien.

Puré de boniato al ajo

La pulpa anaranjada del boniato, no sólo sabe deliciosa con la mantequilla de ajo, sino que también resulta atractiva a la vista.

4 personas

INGREDIENTES
4 boniatos (unos 900 g/2 lb en total) en dados
3 cucharadas de mantequilla sin sal
3 dientes de ajo picados
sal y pimienta negra recién molida

1 Cocer los boniatos en un cazo grande con agua salada, hirviendo durante aprox. 15 min o hasta que estén tiernos; a continuación escurrir y devolver al cazo.

CONSEJOS: Si los boniatos están un poco secos cuando se trituran, añadir un chorrito de leche. Esto hará que se suavice su sabor. Añadir hierbas frescas picadas si se desea.

2 Fundir la mantequilla en una sartén de base sólida y rehogar el ajo a fuego medio durante 1-2 min hasta que esté ligeramente dorado, removiendo para evitar que se pegue.

3 Esparcir el ajo por encima de los boniatos y salpimentar de forma generosa. Triturar bien hasta obtener un puré suave y cremoso. Servir en seguida.

Judías al ajo y vino blanco

Las judías *flageolet* de sabor fresco y delicado, junto con el ajo, dan un toque francés a este sencillo plato.

4 personas

INGREDIENTES
225 g/8 oz de judías *flageolet*
1 cucharada de aceite de oliva
y 2 de mantequilla
1 cebolla picada fina
1-2 dientes de ajo picados
3-4 tomates pelados y troceados
350 g/12 oz de judías verdes troceadas
150 ml/¼ pinta de vino blanco
150 ml/¼ pinta de caldo vegetal
2 cucharadas de perejil fresco picado
sal y pimienta negra recién molida

1 Remojar las judías durante la noche anterior. Escurrir y cocer en un cazo con agua fría durante ¾-1 h. Escurrir.

2 Calentar el aceite y la mantequilla en una sartén grande y rehogar la cebolla y el ajo durante 3-4 min hasta que estén tiernos. Añadir los tomates y continuar la cocción a fuego lento hasta que estén blandos.

3 Añadir las habichuelas a la salsa de tomate y remover. A continuación añadir las judías verdes, vino, caldo y un poco de sal. Remover bien. Tapar y dejar cocer a fuego lento durante 5-10 min hasta que las judías rojas están tiernas.

4 Aumentar la cocción para reducir el líquido; a continuación añadir el perejil, la pimienta y rectificar la sal si conviene. Servir caliente.

Espinacas salteadas con ajo y semillas de sésamo

Las semillas de sésamo añaden una textura crujiente y el ajo realza el sabor de las espinacas en este plato vegetal sencillo.

2 personas

INGREDIENTES
225 g/8 oz de espinacas frescas lavadas
1 ½ cucharada de semillas de sésamo
2 cucharadas de aceite de cacahuete
¼ cucharadita de sal marina
2-3 dientes de ajo laminados

1 Sacudir las espinacas para eliminar el exceso de agua y cortar los tallos. Apilar unas cuantas hojas, formar un rollo apretado y cortar en rodajas para que queden tiras anchas de espinaca. Repetir la operación con el resto de hojas.

2 Calentar el *wok* a fuego medio, añadir las semillas de sésamo y tostar sin aceite, removiendo, durante 1-2 min, hasta que estén doradas. Reservar en un plato aparte.

3 Poner el aceite por todo el *wok*. Cuando esté caliente, añadir la sal, espinacas y ajo, y saltear durante 2 min. Esparcir las semillas de sésamo por encima y mezclarlo todo bien. Servir en seguida.

CONSEJOS: Tener precaución al añadir las espinacas al aceite caliente, por las salpicaduras.

Champiñones a la crema de ajo

La menta fresca, el cilantro, las guindillas y el ajo son las notas esenciales de este plato, que resulta delicioso acompañado de arroz. Sorpréndase a Ud. mismo y a sus invitados con este suculento plato.

4 personas

INGREDIENTES
350 g/12 oz de champiñones
3 dientes de ajo pelados
2 guindillas verdes frescas
3 cucharadas de aceite de oliva
1 hoja de laurel
225 g/8 oz de queso fresco
1 cucharada de menta fresca picada
1 cucharada de cilantro fresco picado
1 cucharadita de sal
hojas de menta fresca y cilantro para adornar

1 Cortar los champiñones por la mitad. Trocear el ajo. Quitar las semillas y picar las guindillas.

2 Calentar el aceite en un *wok* o sartén antiadherente, añadir la hoja de laurel, ajo y guindillas, y freír durante un minuto sin dejar de remover.

3 Añadir los champiñones y saltear vigorosamente durante aprox. 2 min.

4 Retirar la sartén del fuego, añadir el queso fresco seguido de la menta fresca y el cilantro, y remover. Salar.

5 Saltear durante unos 2 min y traspasar a una fuente precalentada. Decorar con hojas de menta y cilantro, y servir en seguida.

Ensalada de pimiento, ajo y tomates asados

El aliño fuerte de ajo unifica las verduras tiernas de este plato.

4 personas

INGREDIENTES
3 pimientos rojos
6 tomates pera grandes
½ cucharadita de guindillas secas troceadas
1 cebolla roja picada fina
3 dientes de ajo picados finos
piel rallada y zumo de 1 limón
3 cucharadas de perejil fresco picado
2 cucharadas de aceite de oliva extra virgen
sal y pimienta negra recién molida
aceitunas negras y verdes y perejil picado extra para decorar

1 Precalentar el horno a 220 °C/425 °F. Poner los pimientos en una bandeja de horno y asar, volviéndolos de cuando en cuando, hasta que la piel está casi negra.

2 Añadir los tomates a la bandeja del horno y asar durante 5 min más.

3 Colocar los pimientos en una bolsa de plástico, cerrando por arriba de forma holgada para que quede dentro el vapor, y dejarlos enfriar junto con el tomate.

4 Quitar la piel y las semillas de los pimientos. Pelar los tomates. Trocear los pimientos y tomates y colocarlos en un bol.

5 Añadir la guindilla troceada, cebolla, ajo, piel y zumo de limón. Esparcir el perejil por encima. Mezclar bien y ponerlo en una fuente para servir. Salar, rociar con el aceite de oliva y esparcir aceitunas y perejil extra por encima.

Ensalada de espinacas y ajo asado con piñones

El sabor dulce y delicado del ajo asado hace que este plato resulte memorable.

4 personas

INGREDIENTES
12 dientes de ajos sin pelar
4 cucharadas de aceite de oliva extra virgen
450 g/1 lb de hojas tiernas de espinacas
50 g/2 oz de piñones ligeramente tostados
zumo de ½ limón
sal y pimienta recién molida

1 Precalentar el horno a 190 °C/375 °F. Poner el ajo en una bandeja de horno pequeña. Untar los dientes de ajo con 2 cucharadas de aceite y asar durante aprox. 15 min hasta que los dientes de ajo estén tostados por los bordes.

2 Poner el ajo todavía caliente en un bol de ensalada. Añadir las espinacas, piñones, zumo de limón, el aceite restante y un pellizco de sal. Mezclar todo bien y añadir pimienta, al gusto.

3 Servir inmediatamente, sugiriendo a los invitados que extraigan la pulpa de los dientes de ajo presionando con los dedos.

CONSEJOS: Para servir las espinacas crudas en la ensalada, éstas deberán ser tiernas y frescas. Lavarlas bien, escurrirlas y secar un poco con papel de cocina.

Notas

Para las recetas, las cantidades se expresan utilizando el Sistema Métrico Decimal y el Sistema Británico, aunque también pueden aparecer en tazas y cucharadas estándar. Siga uno de los sistemas, tratando de no mezclarlos, ya que no se pueden intercambiar.

Las medidas estándar de una taza y una cucharada son las siguientes:

1 cucharada = 15 ml

1 cucharadita = 5 ml

1 taza = 250 ml/8 fl oz

Utilice huevos medianos a menos que se especifique otro tamaño en la receta.

Abreviaturas empleadas:

kg = kilogramo

g = gramo

lb = libra

oz = onza

in = pulgada

l = litro

ml = mililitro

fl oz = onza (volumen)

h = hora

min = minuto

s = segundo

cm = centímetro

C/ Primavera, 35
Polígono Industrial El Malvar
28500 Arganda del Rey
MADRID-ESPAÑA

ISBN: edición tapa dura 84-9764-038-1 - edición rústica 84-9764-078-0
Depósito legal: edición tapa dura M-31394-2002 - edición rústica M-31434-2002
Impreso en: COFÁS

Traducido por: Traduccions Maremagnum MTM

Fotografía: William Adams-Lingwood, Karl Adamson, James Duncan, Joanna Farrow, Ian Garlick, Michelle Garrett, Kathryn Hawkins, Amanda Heywood, Ferguson Hill,Janine Hosegood, David Jordan, Patrick McLeavey, Thomas Odulate.

IMPRESO EN ESPAÑA – *PRINTED IN SPAIN*